개망초 영농기

세종마루시선

016

개망초 영농기
강석화 시집

세종마루시선 016

개망초 영농기

2023년 11월 30일 초판 1쇄 발행

지은이 강석화
펴낸이 윤영진
기획 이은봉 김백겸 김영호 최광 성배순
홍보 한천규
펴낸곳 도서출판 심지
등록 제 2003-000014호
주소 34570 대전광역시 동구 대전천북로 12
전화 042 635 9942
팩스 042 635 9941
전자우편 simji42@hanmail.net
ⓒ강석화 2023
ISBN 978-89-6627-250-1 03810

* 저자와의 협의에 의해 인지를 생략합니다.
* 이 책 내용의 전부 또는 일부를 재사용하려면 저자와 심지 양측의 동의를 받아야 합니다.
* 본 도서는 충청남도, 충남문화관광재단의 후원으로 발간되었습니다.

시인의 말

때를 놓치는 습관 때문에
이루지 못한 일 많은데

숱하게 놓쳐버린 시
겨우 몇 올 건지기를 여러 해

더 붙잡고 있을 수 없어
느슨한 실꾸러미 한 다발
내려놓습니다.

마음에 집 짓는 일
가난하지 말자고
다시 되새겨봅니다.

2023년 11월
강석화

차례

005　시인의 말

제1부

013　휘이휘이 산비둘기
014　어느 씨감자에 대하여
016　난해한 영화
017　방울 무늬 전기장판
018　구부리면 눈물이 난다
019　끝머리에 서서
020　전염
021　꽃병 속의 꽃
022　대숲의 논리
024　무당거미
026　가시풀을 심판하다
028　박대를 만나다
030　뱀에 물리다
031　내려놓기
032　검은돌 수미상관법

제2부

035 송림의 노을
036 늦게 핀 동백이 지기 전에
038 기울어지기
040 맥문동과 소나무
041 시를 읽겠소
042 갈대는 탓하지 않는다
044 갈대밭 끝까지
046 시간이 멈춘 마을
048 재뜸고갯길 쉼터
050 평상의 역할
052 장항 물양장에 앉아
053 동백대교
054 거미 개미 벌
056 봄볕의 기울기에 관하여
057 채무는 없다

제3부

- 061 　귀촌
- 062 　회춘
- 064 　개망초 영농기
- 065 　해바라기의 이름
- 066 　봄은 어디서 오나
- 067 　개나리꽃 황금처럼 빛나도
- 068 　고랑에게 이르다
- 070 　외발 수레를 밀며
- 071 　가시에 찔리다
- 072 　로드 킬
- 073 　물그림자 셈법
- 074 　청개구리 참선
- 075 　오이 넝쿨의 믿음
- 076 　나는 하농이다
- 078 　꽝이다

제4부

- 081 어깨의 역사
- 082 태어날 아기에게
- 084 가장 큰 장애물은 보이지 않는다
- 086 핏줄에 기대어
- 087 개집에 관한 질문
- 088 미생 未生
- 089 만두
- 090 소극장 찬가
- 092 가우디는 미쳤다
- 093 알함브라의 붉은 비
- 094 숲길을 걸으며
- 095 구부러진 길
- 096 푸른 눈물

- 097 해설 무언(無言)·묵언(黙言)으로의 대화 **구재기**

〈일러두기〉

* 본문에서)는 '단락 공백 표시'로 한 연이 새로 시작된다는 표시이다.

제1부

휘이휘이 산비둘기

산밑에 비닐하우스 짓고
부추 심어 먹는데
새 한 마리 들어와 헤매고 있다
산새가 산밑에서 길을 잃다니
아직 젊구나 싶다가
내게로 오는 눈빛들은 다 선하구나 싶다가
가장 좋아하는 일을 생업으로 삼지 말라던
선생의 말씀에 닿았다
인생은 외길이라지만 진리는 여러 갈래
베어져도 계속 자라는 부추처럼
일어서고 또 일어서도
굽은 길은 펴지지 않는 걸까 어쩌면
넘어서지 못한 자의 변명이 아닐까
지쳐버린 잿빛 날개여
뜨거운 바람 깃털에 깃들어 있을 때
너의 사명을 다 하려무나 휘이휘이
산 아래 선한 눈빛들에게
문은 열린다는 걸 증명한 아침
외길 세상에 새 길 하나 뚫어놓는다

어느 씨감자에 대하여

씨감자는 육신의 부활을 믿는다
어둡고 어두워
아무것도 담지 않은 날것의 껍데기를 예비한다
욕망이었던 오른손과 맹목이었던 왼손으로
염기 서열의 퇴적을 기다린다
치열했던 생의 한 바퀴가
몇 알의 감자로 맺히기까지
구멍 숭숭한 바람이 불었으리라
고비마다 아팠으리라
외롭고 외로워
빛은 부서져 모래가 되고 검은 흙이 되고
씨감자는 뼈를 갈아 새싹을 빚는다
눈 부릅떠도 저만큼 지나가는 한 세상
모두 보낸다 지난번 육신처럼
이번 생은 부디 뜻대로
더 외롭게 가도 좋으리
쓰러지지만 않게 꽃대 깊이 내리고
붉은 피 멍들도록 진보라 꽃망울로
가볍고 가볍게

손 흔들면 충분하리
지난여름 늦은 햇살에 잠시 반짝였던가
이름 없는 씨감자
저 혼자의 이유로 다시 태어나려 한다

난해한 영화

심정으로도 납득하기 어려웠다
연애를 하는 건지 게임을 하는 건지
대사는 의미심장한데 행동은 왜 지리멸렬인지
장면마다 물음표를 던지다가 문득
평론가의 눈이 되어있는 나를 돌아보았다
우연과 오해로 급발진하는 저 이야기보다 한참 완만한
나에게도 결정적 순간이 있었다
만남은 조건에 매달리는 함수가 아니어서
결말의 문은 어느 쪽으로나 열려 있었다
그러므로 아무리 난맥상이어도 영화는 모두 옳다
노련한 관객은 복선에서 뱀이 튀어나와도 놀라지 않는다
지나온 길에 놓여있던 숱한 암시를 읽어내지 못하고
어쩌다 뒷북이나 치는 까막눈이 훈수꾼 시늉이라니
공명점을 울리지 못하는 호흡은
제단에 올려 다시 불붙여야 하리
의미심장을 꿈꾸었으나 지리멸렬을 거듭하는 심장에게
쓰린 가르침을 주던 이름이
끝맺음자막에 겹쳐 지나갔다
자를 들고 재려하면 보이지 않는다고
내 눈이 건조해지는 까닭도 언뜻 스쳐갔다

방울 무늬 전기장판

방울 무늬가 숨을 쉬지 않는다
겉은 심심하게 속은 뜨겁게 살다
어느 방울 하나 견디지 못했는지
그 가열한 삼 년, 내 삼십 년보다 진하다
한 곳만 깨져도 송두리째 새는 건
장판이나 사람이나 마찬가지라
명성이니 행복이니 믿음이니
단단해 보이는 거죽에 기대어 산다
반짝이는 말들을 그러모으며 꿈을 조립한다
이제는 민무늬로 바뀐 자리
떠난 방울들 눈에 아른거리고
좌심방 아래가 서늘해진다
더 늦기 전에 체온을 올려야겠다
많이 움직이고 자주 웃는 사람들을 만나고
가슴 출렁이는 시를 읽고 노래도 자주 불러야겠다
여전히 거죽만 멀쩡하겠지만
방울방울 내 일 년의 무늬가 누구에겐 십 년
아니, 갖지 못할 한바탕 생生의 꼭지일 수 있으니

구부리면 눈물이 난다

베란다 햇살이 아까워 화분을 내어놓으려고
거실 구석 키 큰 해피트리를 허리 숙여 드는데
눈자위에 핑하니 차오르는 촉촉
온몸으로 따뜻하게 번져나간다
습관처럼 굽혀지던 허리의 각도를
눈물샘은 기억하고 있었나
울지 않게 된 날부터 응축된 응어리 하나
이제 녹으려나 보다
슬픔도 모아놓으면 재활용이 되는지
먹구름이거나 뜬구름 같은 날들 방울방울 맺혀
오래 숙성된 눈물 고로쇠 약수보다 달다
살비듬 두터워진 몸이
눈물샘 저 깊은 곳에 글썽거림을 알았으니
이제는 직립을 고집하지 않아도 좋겠다
화분에게 허리 굽히며 살아도 좋겠다
구부러진 풀잎에서 이슬 돋아나듯이
언제나 눈물은 선물이었으니
햇살이 나뭇잎에 스미듯이
사람이 사람에게 스미듯이

끝머리에 서서

12월은 물음표가 되는 달
등짐 진 숫자들이 차곡차곡 쌓인다
시간의 이정표 아래 잠시 멈추어
숫자로 치환되는 지나온 길을 되돌아본다
독촉장처럼 문 앞에 서 있는 삼백여 날들
제대로 살찌운 하루가 없다
저기 어깨 늘어뜨리고 종종걸음으로
며칠 남지 않은 날들이 지나간다
판교장터 좌판처럼 쓸쓸하게 벌려놓은 일
수첩에서 지우지 못한 별표들이
절뚝이는 마음이 뒤따라 간다
세월이 야박하다지만
끝머리란 말은 얼마나 다행스런 선물인가
12월은 느낌표가 되는 달
새 둥짐 지고 눈 덮인 새 길을 따라
새출발을 기다리는 하얀 날들 앞으로
끝이자 머리인 곳으로
두 발 다시 모으러 간다

전염

살아온 날에서
내세울만한 자랑도
남보다 더한 비참도 없어
눈은 밑바닥에 닿지 못하고
혀는 겉핥기에 그쳐
짐작과 상식으로 빈 곳을 메우네
죽는 자의 눈물에서 비린내를 맡지 못하고
조여오는 공포도 상상의 주변이라서
탄저병이 휩쓸고 간 들녘
검게 비틀린 고추에서
고통보다 불결이 먼저 손에 닿네
붉게 익다만 열매들이 바닥에 뒹굴고
점점이 핏물처럼 번지는데
합리로 눈물을 대신하는 일꾼은
메뉴얼대로 움직이네, 병든 뿌리를 뽑네
안락과 풍요를 꿈꾸다가
미이라가 된 고추처럼
감각이 시들어 모두 놓쳐버리는
무서운 무념무상에 전염되고 말았네

꽃병 속의 꽃

줄기가 잘려 꽃병에 꽂힐 때
시한부라는 걸 알았을 것이다

병 속 한 잔의 물이
세상 모든 것이 되었음을 느꼈을 것이다

뿌리가 없어도 잎은 더 푸르게
밑동이 없어도 꽃은 더 붉게

물에 적신다고 희석될 리 없는 상처
아픔을 힘 삼아 연둣빛 꽃대를 밀어 올렸을 것이다

오래 버티는 건 중요하지 않다는 듯이
조금씩 줄어드는 병 속의 물

작은 안간힘이, 소리 없는 응원이
꽃병 속에서 정점을 향해 달리고 있다

대숲의 논리

봄비 그친 대숲에 올랐다
겨우내 눈꽃 삼킨 푸른 잎에서
맑고 시원한 향기를 얻으러 갔다
아내가 따라와 죽순을 찾고
나는 뱀이 있다며 몇은 숨겨주었다

멀리서는 모두 곧아 보였지만
가는 대나무 이리저리 휘어지고
지난밤 세찬 바람 불고 이명처럼 들리던 울음소리
세상을 향해 달려가다 넘어진 아이들처럼
몇은 심하게 쓰러져 있었다

밀식하면 제대로 자라지 못해
대숲이 알아서 거두는 거라고
세상의 이치가 그런 거라고
대나무를 일으키려 애쓰는 아내에게 떠들어댔다

죽순 몇 개 들고 내려오다 문득
어린 대나무가 내 말을 들은 것 같아서

언젠가 나를 향하던 논리 같아서
얼굴이 내내 화끈거렸다

무당거미

며칠 세워놓은 차에 불청객이 들었어
백미러와 앞유리 사이 얇은 허공에 은빛 동심원이 걸리고
끝자리에 그가 도사리고 있었어
그는 주장하고 있었어
내가 이사 오기 전부터
이곳은 그의 땅이고 사냥터였다고
잠시 대치하다가 차 문을 열었어
거미줄이 축 늘어져서 얼른 닫았지
거미줄이 다시 팽팽해졌어
천천히 차를 몰았어
바람에 날리며 거미줄은 흔들렸고 생각도 흔들렸어
돌아올 때까지 그리고 그 다음날에도
그는 무임승차를 단념할 생각이 없어 보였어
마음 급해진 문이 쾅 닫히며 자진 퇴거를 권했지만
그는 버텼어
분쟁을 매조지한 건 검지손가락이었어
누군가를 가리키던 익숙한 동작이었지
잘 드는 칼날이었어

집을 잃고 아득하게 추락한 그는
용서할 수 없다는 듯이 돌아서버리고
손가락을 털며 큰 무당거미가 차를 차지했어
끊어진 거미줄이 이슬처럼 반짝거렸어

가시풀을 심판하다

대추나무가 가시풀로 뒤덮여
칭칭 묶인 잎은 시들고 대추알은 병이 들었다

광신이 상식을 밀어내고
말씀이 요설이 되고 독이 되는 세상

가시풀이 목청 높이고
사마귀가 가시발로 몸을 뜯는데도

오래 참고 온유하며 성내지 말라는 말씀처럼
마냥 순종하는 저 대추나무도 옳지만

농약은 안 주어도 풀은 뽑아야지
주인은 느릿느릿 소매를 걷어붙였다

이제 홀가분해 보이는
벌거벗은 순둥이를 풀어주고

허명처럼 높이 쌓아올린 가시풀

버리러 간다

수레 바퀴소리 요란하게
판결문을 읽는다

박대를 만나다

납작한 몸을 가진 너는
바다 밑바닥에 엎드렸지만
숨지는 못했구나

네 몸짓에 물결이 일렁이고
해초가 몸을 흔들며 떠오르고
은빛 멸치 떼가 먹이를 구했지만
너를 숨겨주진 못했구나

납작하지 않아도 엎드리는 나는
숨을 곳이 없어
말 몇 마디에 쉽게 끌려나오지

바닥에서 온힘으로 네가 바다를 떠받칠 때
날렵해진 그물이 그 틈을 노리고 달려들듯이

허기진 눈앞에 미끼를 던져놓고
간을 보려는 자에게 갈등한다
받아야 하나 떠나야 하나

〉
여러 겹의 그물과 빨대를 꽂으려는 사육사와
그것들을 숨기고 있는 바다를
용케도 등에 지고 버텼구나 너는

뱀에 물리다

나를 풀어놓으려 했네 그대의 끄트머리에
그대는 물기 많은 밭, 나는 꿈을 심는 농부
내 그림자를 그대 품에 맡기고
같은 숨을 쉬며 그 숨으로 싹을 틔우려 했네

그대를 초대하려 했네 나의 만찬에
그대는 겹겹 풀잎 치마에
풀과 벌레와 짐승을 품고 오네
내가 쟁기를 들면 그대는 금이 가는가

나의 하루는 수많은 그대의 수많은 하루
풀섶에 감춘 날카로운 이빨로
내 푸른 꿈이 얼마나 허술한지 일깨워주네

내게 동의하지 않는 수많은 눈
차갑게 나를 지켜보고 있네
그대를 품으려 했지만
밀어 넣으려던 것이었네 나의 끄트머리에

내려놓기

장항 솔밭 사이로 스미는 노을이 한 올 한 올 보인다
소금기 어린 바닷바람도 가닥 가닥 느껴진다

한가로움이란 무사무난無事無難을 탐내는 것이 아니라
보이지 않는 것을 보려는 것

생의 수많은 마디 중 지금 이 한 토막
무엇이 흘러가고 있는지 살피려는 것이다

마음을 내리고 오감을 열어
새 눈으로 보고 새 귀로 듣다 보면

간혹 둥지를 벗어나기도 하고
중력의 끈을 풀고 높이 나는 매가 될 때도 있어

다 내려놓고도 반드시 가져가야 할 하나가
환히 드러나기도 하는 것이다

검은돌 수미상관법

  한강에서 헤엄치며 어린 시절을 보냈다 검은 바위가 솟아있는 곳에 우리의 본부를 차렸다 어느 날 커다란 튜브가 생겨 그걸로 강을 건너기로 했다 옷을 벗어 묶고 세 녀석이 거기에 매달렸다 강물은 검고 소리는 천둥 같고 앞도 뒤도 까마득했다 떠내려가다가 어딘가에 닿았다 종일 굶고 물어물어 걸어 밤 깊어서 겨우 동네로 돌아왔다 세 놈이 빠져 죽은 줄 알고 난리도 아니었다

  옆구리에 책을 끼고 다니던 학창시절 월든을 읽으며 숲속을 꿈꿨다 퇴직을 앞두고는 빛 바른 언덕을 찾아 다녔다 아내는 바다가 멀지 않으면 했다 그때는 몰랐다 나를 끌어당기던 것을

  가만히 생각해보니 다시 검은돌 곁이다 흑석동에서 태어났으니 현암리에서 마치라는 뜻인가 내 안에 검은 돌부리가 있어 서로 당겼다면 이제라도 윤기나게 닦아보아야겠다

제2부

송림의 노을

고백하건데
저렇게 물들어 본 적 없다
깊이 빠져보았지만
저토록 짙어본 적 없다

심장이 베인 듯한 장항 바닷가
하늘과 바다, 온몸을 감싸는 따뜻한 손길에
무릎 꿇고 고백하건데
뼛속까지 불타오르지 못했다
열심히 뛰었지만 싱겁던 날들
바닷물에 절여 간을 맞추고 싶다

몸을 모두 불사르듯 장엄하게
최후의 심판처럼 치열하게
나의 모자람을 피로 사해주는
저 성스러운 빛에 머리 숙여 다시 고백하건데
이렇게 후련해 본 적 없다

늦게 핀 동백이 지기 전에

거두절미한 봄을 만나고 싶다면
절정에 떠는 꽃잎을 보고 싶다면
오백 년 해풍에 진국만 남은
마량리 동백숲으로 오시라

북방한계선이 숨 고르는 끝자리
화력발전소가 콧숨 뿜는 그 자리
섬 아닌 섬으로 아슬아슬 남아있는
서천 동백정으로 어서 오시라

당나라 대군에 맞서 싸우던
백제 병사의 뜨거운 심장처럼
붉게 떨어지는 송이송이
그대 눈에 가득 담아드리니

바다에 등을 맡긴 당집에서
우리 아예 붉은 꽃잎 되어
풍랑에 돌아오지 않는 아비
풍어를 비는 어미가 되어도 좋고

〉
온몸 휘감아 적시는 해넘이에
지울 이름 있거든 고이 보내주고
마량리 새벽 바다 일출 자락에
그리운 이름을 새겨 보시라

밀물처럼 밀려와 썰물처럼 스러지는
짧은 봄밤, 아 동백꽃 지는 밤
늦게 핀 꽃이 모두 지기 전에
부디 붉은 숨결로 어서 달려오시라

기울어지기

 꽃이 일찍 졌다고 탄식하는 이에게 춘장대 언덕에서 바다를 향해 기울어진 늙은 동백나무가 말했다

 올해는 꽃이 유난히 많이 피었다고 그대는 기뻐하지 않았나 올해 꽃은 더 붉디붉다고 꽃송이가 크고 풍성하다고 손뼉치지 않았나 그대의 기다림 덕분에 더 많은 꽃송이를 터뜨릴 수 있었네 봄이 절정에 오를 때 꽃답게 이별할 수 있었네 이것이 탄식할 일이라면 그대의 직립은 중립이었나

 무거워지지 않으면 된다고 적당히 사랑하라고 말하는가 그렇다면 그대여 적당히 행복하게나 탄식하지도 손뼉치지도 말게나 그것은 사랑하려면 헤어지라는 말 해가 서해를 향하듯이 산다는 것은 마음의 방향으로 조금씩 기울어지는 것 꽃은 땅으로 기울고 나무는 바다로 기울고 그대는 무엇을 향해 기울고 있나

 올해는 봄이 일찍 무르익었지 남서풍이 비스듬히 불고 햇살이 한 걸음 당겨앉았지 그만큼 생겨난 여백을 그대

는 물머리 거품으로 버리려 하는가 기울지 않고 아름다운 것을 기울지 않고 오래 가는 것을 오백 년 동안 보지 못했네 봄이 당겨진 만큼 팽팽하게 기울이면 되는 일이네 기울인 만큼 흐르고 그대가 흐른 만큼 세상도 기울 터이니

맥문동과 소나무

그대 환한 얼굴에 서린 그늘
내 골짜기가 깊어
오히려 밝아보였지

그 그늘 서늘하고 따뜻해서
내 기침이 사그라져
솔길 걸으며 약속했지

내가 지키는 그늘 말고는
그대에게 다른 그늘은 없으리

그대는 맥문동 나는 소나무
피어라 가득 피어라
보랏빛 꿈 피어라

시를 읽겠소

한 달만 마음대로 살 곳을 고른다면
노을 예쁜 바닷가에 방 한 칸 빌리고
바다를 향한 키 큰 소나무에 마음 한 가닥 걸어두겠소
낮에는 종일 모래밭을 거닐고
날렵해진 마음으로 밤에는 시를 읽겠소

일주일만 허락된다면
천방산 가난한 암자에 기대어
비빔밥 한 사발에 차 석 잔으로 하루를 긋겠소
낮에는 숲의 속살을 더듬고
밤에는 밑줄 쳐놓은 시를 다시 읽겠소

내 마음 접어넣은 시 한 편
서해 노을처럼 진하게 우려두었다가
숨이 다하기 전 마지막 삼 분이 주어진다면
당신에게 조곤조곤 읽어주겠소

갈대는 탓하지 않는다

사람들은 갈대를 보러 오지만 갈대밭 끝까지는 가지 않는다
갈대와 키를 재며 사진 몇 장 찍고는 갈대를 보았다 이야기한다

하굿둑 너머 붉은 노을 한잔 소곡주에 담아 마시지만
검게 물들어가는 비단 강물은 입에 담지 않는다

가창오리떼 웅장한 춤사위에 카메라를 맞추지만
볍씨 한 올 남지 않은 논바닥과 줄어드는 갯벌은 찍지 않는다

한때는 강경까지 오르내렸다는 밀물과 썰물
하굿둑에 막힌 뒤로 갈대밭은 억새밭이 되어가고

철새가 줄고 사람 발길이 뜸해져도
갈대는 누구도 탓하지 않는다

출렁이는 비단 위에 뜬 달은

아무도 건드리지 못할 테니까

먼 길 돌아내려 몸을 푸는 강물이 바다를 낳는 순간은
누구도 담아가지 못할 테니까

갈대밭 끝까지

갈대밭 끝까지 걸어보았니
다가갈수록 커지는 갈대의 외침
출렁이며 막아서는 강물 앞에 앉아보았니

갈대는 땅속 줄기로 천리를 간다지
방향을 더듬으며 한 걸음씩
아무도 모르게 먼 길을 간다지

길이 끝난 곳에서 시작되는 길
어떤 갈대는 강물도 건너려 하지
줄기가 물에 잠기고 잎이 썩어도
다리를 만들며 조금씩 나아가지

강물은 걸음마다 몸을 낮추며
넓은 바다를 찾아간다지
갈대가 놓으려는 물 속의 다리는
두려우면 건널 수 없는 다리

갈대밭 끝에서 만나보았니

강을 건너려는 갈대를
저 멀리 물결 속에
잃어버린 다리를 찾아보았니

시간이 멈춘 마을

한때는 흥청거리던 시절이 박제되어 있는
영화 세트장 같은 마을이 있다
우시장이 열리는 장날이면 부여에서 보령에서
금강 건너 전라도에서 사람들이 돈을 싸들고 몰려들어
한산모시며 쌀가마가 희리산 만큼 높게 쌓이곤 했다
재뜸 사는 옥자 아주머니는 소문난 도토리묵을 떼어다가
판교역에서 장항선 완행열차를 타고 천안으로 영등포로 팔러 다니며
논을 사고 밭을 사고 세 아이를 반듯하게 키웠다
장날에는 보신탕집에도 콩국수집에도 장사진이 서고
제 세상 만난 듯 강아지도 돈을 물고 돌아다녔지만
이제는 사진관도 잘 나가던 극장도 조명이 꺼진지 오래
빈 가게 유리창엔 세월이 옛 글씨체로 멈춰있고
간판 없는 방앗간이 대를 이어 돌아가는
붉은 양철 지붕은 녹슬고 양조장의 술 익는 냄새 그쳤어도
옛 시절을 붙잡고 미적거리는 노인들이 오일장을 지키는
박물관 같은 이발소에서 백발의 이발사가
근엄한 몸짓으로 면도날의 거품을 신문 쪼가리에 닦고

그때의 입맛을 잊지 못한 사람들이 냉면을 먹으러 오는
추억을 검색하는 이들이 가끔 카메라를 들고 찾아오는
몇 년 뒤에는 어쩌면 흔적만 남게 될지 모를
빛바랜 사진첩 같은 그곳
사람들은 시간이 멈춘 마을, 판교라 부른다

재뜸고갯길 쉼터

재뜸고개에 쉼터가 몇 곳인지
장정 두어 걸음 길이 왜 한나절 나들이가 되는지
장날이면 고개를 넘는 인숙이네 할머니를 따라가면 알게 된다
고갯마루에 자리한 제법 판판한 돌멩이는 고정석이고
지난여름 요양원에 들어가 빈집이 된 재원이네 꽃밭은 일등석이다
궂은날 아니면 콘크리트 포장길이 통째로 지정석이니
엉덩이 붙일 만한 곳은 다 쉼터가 된다
어디서 굴러왔는지 길가에 뒹구는 비료푸대 쪼가리에 앉아
앞산 아래 옹기종기 모여 앉은 현암리 예쁜 마을을 보고 있으면
날씬한 백로가 개천 위를 날아 옆산으로 스며든다
한참을 있어도 지나는 사람 대신 뉘 집 개만 짖어대는
커피도 화장실도 없는 고갯길 쉼터
물리치료도 부질없어진 다리를 일으켜 쉬엄쉬엄 내려가면
머리 위로 기차가 지나던 굴다리가 나오고 판교농협이

보인다
  보는 눈이 많으면 아무 데나 앉을 수 없으니
  농협 앞마당에 벤치를 만들어 놓은 건 다 그런 소용이 있는 거다
  하나로마트에 들러 라면을 사고 벤치에 앉아 사람 구경을 하다가
  공연히 미용실에 들려 몇 사람의 안부를 묻고
  늦가을 가랑잎 같은 세상사는 이야기 듣다 보면
  오일장의 하루가 저물어간다
  검정 비닐봉지에 라면과 따스한 저녁 햇살을 담아
  혼자 집을 지키고 있을 흰둥이에게 돌아가는 길
  파마 풀린 할머니의 하얀 머리카락처럼
  고갯길 쉼터가 그새 더 늘어난다

평상의 역할

도시에는 편의점 앞에 파라솔이 있고
시골에는 구멍가게 앞에 평상이 있다
고장 난 시계 같은 서천군 판교면에 가면
시간이 멈춘 거리가 있다
이발소 앞에 구멍가게가 있고
정오의 햇살이 평상에 내리고
술 취한 신씨가 모로 누워있다
어디서 마셨는지 아침부터 백팔번뇌에서 벗어나
손님 떨어진다는 쥔아줌마 안달에도
맨발로 제단에 오른 와불처럼 심오하게 눈감고 있다
간병인으로 출근한 마누라에게 전화하면
잡아가든지 감방에 넣든지 맘대로 하란다
신고를 받은 경찰이 마지못해 어슬렁 오고
온몸이 종합병원이라 건드리면 큰일난다며
만민의 해결사 119를 부른다
집에 데려다 놔봤자 저녁때면 다시 나오는데
평상을 치워야겠다며 쥔아줌마가 투덜댄다
몇 남지 않은 평상 하나 또 없어지겠네
이발소 창밖으로 구경하던 동네 마실꾼이 수근댄다

마누라가 밥을 챙겨주지 않는다고도 하고
챙겨줘도 술만 찾는다고도 하고
저러다간 얼마 못 갈 거라는 비쩍 마른 신씨도
마저 못 보게 되는 건 아닐까
평상에 겹겹 쌓여있는 이야기들도 폐기되는 건 아닐까
옛 풍경을 찾아온 백발의 카메라맨이
한바탕 셔터를 눌러대는 사이에
번쩍거리며 느릿느릿 소방대가 떠나고
신씨는 중얼중얼 실려가고
이럴 줄 알았다는 듯 경찰차도 돌아가고
잠시 수선거리던 거리가 조용해진다
늘 그랬듯이 빈 평상에 걸려
시간이 다시 멈춘다

장항 물양장에 앉아

물양장에 앉아 바다와 술잔을 나누면
하굿둑을 빠져나온 강물이 바다가 되는 소리 들려온다
캄캄한 바다 비릿한 물냄새
기벌포 앞바다에 갇혀있던 박대를
더 이상 눌릴 수 없는 납작한 몸뚱이를
어둠을 묻혀 노릇노릇 구우며
멀리 군산의 야경을 바라본다 몇은 깜빡이고
몇은 바다에 잠기는 붉은 불빛들
술 취한 어부의 노랫소리 밤새 들리던
가로등만 환한 물양장에 앉아
밤바다에게 다시 물어본다
바다로 간 강물처럼 돌아오지 않는 사람들
저 불빛처럼 어디서 깜박이고 있는지
멀리 뱃고동처럼 누구의 이름을 부르고 있는지
기벌포 앞바다를 떠나지 못하는 작은 박대처럼
물결이 뱃전에 보채는 소리 귓전에 맴돌아
별과 불빛과 흐려지는 눈으로
자꾸만 차오르는 마지막 술잔
출렁이며 출렁이며 강물은 부서져 바다가 된다

동백대교

그 다리에는 동백나무가 없지만
금강이 사람들을 구불구불 가르고
하굿둑이 바다와 강을 반듯하게 나누지만
그걸 다 이어주는 그 다리에는
동백나무가 없어도 동백꽃이 핀다

제련소 굴뚝 너머 땅거미 내려올 때
누군가 지난봄이 아쉬워 그 다리를 건너면
먼 곳에서 동백이 하나 둘 피어나
구름이 되고 물결이 된다

강과 바다와 땅이 손잡는 곳에
날마다 붉게 피어오르는
사람들이 동백이라 부르는
그 다리는 늘 봄이다

거미 개미 벌

 내가 사는 시골 마을에 칠십 년 된 교회가 있어 신도들 나이도 대략 그 안팎인데 목사는 오십대로 그중 파릇한데 어느 날 설교하기를 어르신들은 십일조 안하셔도 돼요 자녀들이 보내준 용돈 쪼개지 말고 먹고 싶은 거 많이 드세요 건강한 얼굴이 십일조보다 나으니까요 그 말 들은 근심 많은 사람들이 교회 살림을 걱정했는데 오히려 십일조가 늘어났다 하더라

 봄가을 심방할 때 신도들이 건네는 선물은 목사에게 준 게 아니라 하늘에 바친 거라며 교회에 다 넘기고 빈 몸으로 지내는 것을 신도들이 성화를 부려 일부를 목사에게 나누게 했더니 아픈 신도들 찾아다니며 위문품으로 다 쓴다 하더라

 어느 날 또 말씀하기를 거미는 줄로 함정을 만들어 걸려든 먹이를 잡고 개미는 부지런히 일해 저희들끼리만 먹고 벌은 향기로운 꿀을 모으며 꽃가루를 옮겨 열매가 맺도록 돕나니 사람 중에도 거미와 개미와 벌이 있어 벌과 같이 저와 이웃을 위해 살아야 하늘에서 보시기에 좋으리

라 하더라

 그 마을에는 신자 아닌 사람이 더 많고 좋은 말씀은 교회 밖에도 넘치는데 그 목사 이야기를 들은 몇은 고개를 끄덕이고 또 몇은 이리저리 말하는데 어쨌거나 교회 살림은 계속 늘어난다 하더라

봄볕의 기울기에 관하여

한동안 닫혀있던 미서기문이 빼꼼 열리고
판교 장터 마지막 주막집에서
아흔 넘은 옥산댁이 봄을 내다본다
토종옥수수 같은 노인 두엇이
봄볕에 기대어 가끔씩 고개 주억거린다
정년에 밀린 장년이라 아직
저기 낄 군번은 아니지만
머지않아 저 봄볕 안에 들겠지
볕에 든 사람보다 볕을 바라보는 사람이
선명하게 볼 수 있는 봄의 그림자
가슴 쓸어내리며 안부 전하는 일이 많아지는
몸서리쳐지는 봄이다
백만 종의 생물이 십년 내 멸종 위기라는데
나라도 해마다 토종 옥수수를 심어야
이 무심한 소멸의 고리를
한 가닥이라도 묶어놓을 수 있지 않을까
한가로이 볕을 맞는 그들 사이로
궁금해지는 얼굴 몇몇 문득 떠오른다

채무는 없다

희리산 둘레길 살진 밤송이 툭툭 떨어진다
바람의 균형점을 어떤 저울로 맞출까
언뜻 감겨오는 한마디에 몇 날을 묶여
낯선 길에 오른 적 있다
마주칠 때마다 벌어지는 틈
말의 무게로 마음을 셈하다가 허방을 딛는 일
그만 두기로 한다
지나가는 서해 바람아
이제 채무는 없다
알맹이 내어주고 가시탈만 남든지
입 다문 채 푸르게 떨어지든지
서툴게 믿는 자리마다
모두 상처라는 걸 알았으니
아무리 수북이 쌓여도 돌아보지 않겠다
나 아니어도 떨어지는 밤송이
굳이 의역해서
장부에 달아 놓지 않겠다

제3부

귀촌

몇천 원 아끼려고 격을 팔지 말아야겠다
몸을 갈아 마음 편해지느니 마음 먼저 편하게

무거운 짐 자랑하며 큰길을 달리기보다
작은 것도 크게 보이는 오솔길을 걸어야겠다

밖을 둘러쌀 것은 산과 들로 충분하니
나를 채울 것은 가성비로 판단하지 않겠다

남의 시선과 스스로 세운 울타리를 헐어
산기슭 냇물에 띄워 보내고

버킷리스트 지운 자리에
노란 채송화와 붉은 토마토를 심어야겠다

개구리 합창과 귀뚜라미 독창을 배경으로 넣고
천천히 노을빛에 물드는 사람을 그려야겠다

회춘

고구마보다 줄기가 더 맛있다니
내가 오래 살긴 했나보다
단맛 매운맛에 질려
혀가 산성이 되었나보다
심심산골에 발붙이고
들녘을 호시탐탐하는 고라니에게 깨달아
마을 귀퉁이 산자락에 터 잡은 지 여러 해
봄에는 오이 가지 상추 심고
여름에는 고구마 줄기를 벗긴다
초록에 그을린 껍질 그 안에는
상큼한 봄을 품고 있는 연둣빛 속살
최고의 조미료는 어쩌면 봄이 아닐까
나물의 속살에서 윤기나는 봄을 발견하기까지
얼마나 많은 보릿고개와 초근목피의 날들을 견뎌냈는지
말씀으로 전해 내려오는 생활의 지혜들이란
눈물 아니면 건너지 못한 징검돌이었는지
푸성귀로 배를 속여야 했던 시절을 역사로 넘기고
사치에 길든 위장을 달래는 제철 나물 한 접시
고구마줄기 몇 가닥에

내 몸은 다시 봄을 맞는다

개망초 영농기

 삼 년 동안 논을 놔뒀더니 돌미나리 붉은 늪이 되어버렸다 살판 난 개구리들이 첨벙거리고 풀섶에는 시퍼런 뱀이 도사렸다 이웃집 옥자 아줌마는 미나리꽝을 만들면 돈이 될 거라 했다

 물을 빼고 집 지을 때까지 땅이나 말리자며 한 해를 더 보냈다 미나리가 밀려나고 그 자리를 도깨비바늘과 가막사리가 차지하는가 싶더니 개망초가 하얗게 번져나갔다

 옥답이 풀밭이 되었다며 마을 노인들이 쯧쯧 혀를 차고 잡초라도 베어주라고 아내는 성화를 부렸지만

 내가 꿈꾸는 삶의 종결어미는 소나무처럼 제 자리를 지키며 개망초처럼 빈곳을 메우다가 마애삼존불처럼 미소 짓는 것

 우리 밭의 첫 수확인 눈꽃 같은 개망초 한 다발을 아내에게 안겨주었다

해바라기의 이름

믿고 싶은 것에 사람들은 이름을 붙인다
가만히 거리를 셈해보면 하늘만큼 벌어져 있고 다시 가만히 재어보면 숨결이 뺨에 닿는다

천 번을 부르면 이름에 주문이 걸린다
파란 잎이 돋고 황금빛 꽃이 피고 새처럼 날아올라 아무도 모르는 숲길을 은빛 안개에 젖어 나아간다

해를 따라 돌지 못해도
바라고 바라보면 끝내 이어지리니

밤낮으로 방향을 돌리지 않는 그 자세가 그대를 향한 오롯함임을 믿는다
믿는 것에는 굳은살 같은 이름이 있다

봄은 어디서 오나

꽃병에 산수유가 제 품인 듯 피어 물을 머금고 솟구친 가느란 팔이 노란 꽃술 너머로 봄을 부른다

소리를 매단 가지가 지휘봉처럼 허공에 그려내는대로 노란 전령들은 꽃봉오리를 터뜨리며 달을 향해 날아오른다

말씀만 남은 어제 일과 어깨를 누르는 지금 일늘이 꽃병 저 깊은 곳에서 울컥울컥 퍼올려져 산수유 풋향기에 잠시 섞이다가 밀려나는데

밀려나는 것이 꽃향기인지 어제 말씀인지 고단한 기대를 심어보지만 바깥 공기는 여전히 쌀쌀맞기만 하다 그 향기 한 자락을 잡고 크게 취하고 싶은 걸 보면 그래도 봄은 봄이다

개나리꽃 황금처럼 빛나도

 화무십일홍이라구요 바람이 없어도 날아 내리는 꽃잎을 좋아했습니다 꽃은 피는 것이니 봄꽃이든 가을꽃이든 상관없었습니다 꽃은 지는 것이니 내 꽃밭에 머물 날짜만 귀하게 여겼습니다 사람도 피고 지는 것인 줄 생각하지 못했습니다

 벚꽃 지면 철쭉이 피듯 봄과 가을을 하나로 여겼습니다 지극한 개화와 화려한 낙화가 반복되는 통에 시간을 잊고 말았습니다 그래요 돌고 돌아 다시 봄입니다 몸은 전 같지 않지만 눈은 아직 밝아서 사방에 미세먼지 한 점 없이 샛노란 꽃과 연녹색 잎이 태초의 빛처럼 아찔한 봄날입니다

 꽃도 잎도 줄기도 볼수록 선명합니다 두꺼워진 줄기 속에 가을꽃이 기다립니다 모든 경계가 그어지지 않은, 봄꽃과 가을꽃이 만나 한살림 차려도 눈감아주는, 이제는 알 것도 같은 다시 봄날입니다 낙화를 준비하는 봄날입니다

고랑에게 이르다

밭 갈며 고랑 일구며 지내다보니
눈가에 두 줄, 입가에 두 줄, 고랑이 생겼다

높고 깊은 기억들
두둑과 고랑 되어 파종을 기다린다

어쩌면 봄에 심은 것은 감자가 아니라
실바람에도 솔깃하는 오랜 꿈이었을까

호미로 파낸 것은 잡초가 아니라
뿌리 없이 줄기 뻗는 사념이었을까

이제 무엇을 심겠냐는 듯
거울 속 고랑이 깊어가길래

적잖이 심어봤으니
비워둘 때가 되었다고 일러주었다

비록 얕은 두둑이지만

묵은 감자 몇 알쯤은 묻혀있을 거라고

바람도 거름이 되는 늦가을이 되면
그중 몇은 여물어 깨어날지도 모른다고

외발 수레를 밀며

외발 수레에 짐을 실어보니
가볍고 무거움이 나에게 달려있음을 알겠다

수레에 반, 나에게 반
바퀴와 나 사이에 무게중심을 두어야 가벼워짐을 알겠다

짐을 멀리 두면 수레가 뒤뚱거리고
몸이 멀어지면 마음이 힘겨워지는 이유를

작은 돌에도 무너지려는 균형을
스프링처럼 다시 일어서는 버팀을 잊지 말자고

산다는 건 외발 수레에 짐을 싣고
먼 길을 가는 일이라고

가시에 찔리다

 장독대를 덮은 잡초를 걷어낸 며칠 전부터 손가락이 따가워 살펴보니 고름이 맺혀있다 걸치고 사는 거죽이 허울이라서 쉽게 들락거리는지

 실금 하나에 모두 흘려버리는 간장 항아리처럼 깨지면 때우고 얼기설기 덧대가며 살아가는데 보이지 않는 가시 쉴 새 없이 따끔거린다

 내가 그리 쉽게 보였구나 굳이 가슴을 찌르지 않아도 고통 받는 줄 알았구나 실가시 하나로 심장까지 찌르는구나

 내 안에 간장 항아리 출렁거린다 거죽을 단단하게 무두질하라고 더 뜨거워지고 더 가슴 저리라고 이렇게 쉽게 뚫리지는 말자고

로드 킬

가로 세로 길이 뚫릴 때마다
드넓던 산과 들은 파편으로 쪼개져

태어났던 밤나무산은 동쪽 섬
목을 축여주는 개울은 서쪽 섬이 되었다

섬과 섬 사이 길게 갈라놓은
검은 경계선을 건너가려고

구름 사이 달이 숨는 밤
풀 한 포기 없는 그 수상한 바닥을
조심스런 걸음으로 한 발씩 내딛는데

갑자기 대낮 같은 불빛이 그물처럼 덮치며
으르렁대며 무언가 달려든다
세상이 뒤집힌 듯 꼼짝할 수 없다

물그림자 셈법

멀리서 온 사람들과 담소를 나눌 때였다
백로 떼가 날아와 저도 손님이라는 듯 연못에 앉았다
우리도 여섯, 백로도 여섯
이쪽은 막걸리, 저쪽은 우렁이
기막히게 궁합이 맞았다

이것도 인연인데
둘씩 짝지어보자고 누가 말했다
물그림자까지 치면 셋씩이라고 내가 거들었고
저마다 경우의 수를 더했다

어림없다는 듯
우아한 몸짓으로 백로는 날아가고
그 많던 짝들은 영이 되고
연못은 바람이랑 눈 맞아 찰랑거렸다

누가 다녀갔는지
셀 수 없는 물그림자
그날도 화창한 봄날이었다

청개구리 참선

깊은 산 큰 바위에 피안을 찾는 노승처럼
들깨밭 높은 잎에 정좌한 청개구리
먼 산 바라며 묵언수행 중이다
할 말 삼킬 때마다 목울대 울렁이고
큰 눈으로 허공 너머 화두를 굴린다

무념무상으로 정진하는 청개구리
언제쯤 도를 얻어 하산을 할까
무심한 해는 서쪽 하늘로 내리고
일 없는 바람이 가끔 건드리고 간다

푸른 수도자의 명상을 아는 이 없는
맑고 평평한 오후
산비둘기가 구구 멀리서 재촉해도
귀를 버린 듯 상관하지 않는다

오이 넝쿨의 믿음

손을 뻗으면 바람만 잡히고 거듭 내밀어도 허공이지만
보이지 않는 날들을 향해 다시 손을 뻗는다

보이지 않으면 없는 거라고 눈 밝은 사람들이 말할 때
헛손질 너머에 몸 기댈 기둥이 있음을 굳게 믿는다

머리가 없어도 알고 눈이 없어도 찾아낸다
마침내 끌어안고 높은 곳으로 오른다

어둠에 갇힌 이여, 포기하려는 자여
어둠에서 믿음이 솟고 믿음에서 사랑이 자란다

실패를 원망하지 않고 허공에 한 뼘 더 손 내미는 일
그것이 믿음이다

믿음에서 태어난 연둣빛 열매를 살찌우는 일
그것이 사랑이다

나는 하농이다

상농上農은 땅 가꾸고
중농은 곡식 가꾸고
하농은 풀을 가꾼다
풀에도 등급이 있다
간식거리 돼지감자는 중풀이고
약이 되는 쑥은 상풀이다
사람 팔자 시간문제, 풀 팔자는 농부 나름이라
참외밭에 들깨 나면 풀이 되고
그걸 거두면 곡식이 된다

그래서 상농에게 풀은 양분이고
중농에겐 웬수고
하농에겐, 그러니까 나에게는 계륵이다
뽑자니 허리 부러지겠고
제초제는 자존심 상해서
대충 냅두고 이론을 따진다
보아라, 저 볏짚까지 싹싹 긁어가 횅댕그렁한 빈 논
버림받은 순정녀 알몸뚱이 같지 않은가
우리 밭은 풀도 흙도 죽지 않는다

〉
그러므로 하농은 상농과 통한다
퇴비 뿌려놓은 양파밭을 끝내 묵히고 만 건
때를 놓쳐서도 게을러서도 아니라
상농이기 때문인데
마누라는 콧방귀만 뀐다
흥!

꽝이다

 긴 장마에 장사 없다 작물은 농부의 발소리를 듣고 자란다길래 새벽부터 어스름까지 손주 돌보듯 했는데 봄여름 지나 가을인데 검게 탄 얼굴만 남았다 벌에 쏘이고 모기에 뜯긴 팔다리만 남았다

 해충약 역병약 영양제에 나도 못 먹어본 칼슘보충제까지 온갖 호사를 누린 기름진 밭은 탄저에게 넘어가고 모종값 비닐값 농약값만 남았다 꽝이다

 장마가 50일을 넘기고 서해에서 열대 어종이 잡히고 태풍이 연이어 미쳐 날뛰는 걸 보면 한 시절 뒤집어지도록 오래 살았나보다 고추 탓도 내 탓도 아닌 수상한 세상 탓이다

 코로나가 창궐하고 고추밭엔 역병이 휩쓸고 안팎으로 쪼그라든 늙은 농부에겐 시든 고추만 남았다 완전 꽝이다

제4부

어깨의 역사

 아버지의 별명은 6시 5분이었다 뒤에서 보면 오른쪽으로 약간 기울어 있다 영문 원서를 겨드랑이에 끼고 다니던 학창시절부터 내려오는 습관이라 한다 6.25에 휘말려 구월산 유격대가 됐을 때는 옆구리에 총을 메고 다녔다 휴전선을 내려와 동대문에서 옷을 떼다 팔 때는 몸보다 큰 보따리를 어깨에 메고 다녔다

 오십견에 시달리던 어느 날 내 어깨도 기울어 있다고 아내가 말했다 갑자기 어깨가 뻣뻣하게 느껴졌다 언제부터 긴장하고 있었는지 나도 모른다 깜짝 놀라 어깨를 늘어뜨렸다

 오십견에 무릎과 허리 관절염을 달고 살던, 교사가 꿈이었던 아버지의 영정 사진 속에서 나이 든 내가 어깨를 갸웃한 채 나를 보고 있다

태어날 아기에게

그 시작이 언제였는지 모르지만
거슬러 올라가면 한 번도 끊어지지 않고 이어지는
오래된 뿌리가 있다
그 끝이 언제일지 모르지만
앞으로도 끊어지지 않을
불멸의 이어짐이 있다
수만 년 전에 뿌려진 한 알의 씨앗이
원시의 정글을 뚫고 만년설 빛나는 산맥을 넘어
다시금 오롯이 피어나고 있다
신성한 약속이 이루어지고 있다
얼굴도 아직 모르지만
너에게 이어지는 긴 이야기를 우리는 안다
이름 세 글자 중에 삼분의 일을 알고
어떤 사람일지도 얼추 그릴 수 있다
어서 오거라, 예쁜 아가야
우리 모두의 사랑이 기다리고 있는 이곳으로 어서 오거라
엄마 아빠의 웃음소리를 듣고 있겠구나
미소 짓는 우리 모습도 그리고 있겠구나

너에게 깃들어있는 깊은 이야기를
우리가 다 깨울 수 없겠지만
아빠와 엄마의 사랑이 스며들고
할아버지 할머니 고모 삼촌의 이야기도 더해지면서
너는 자라고 어른이 되겠지
이 길고 오랜 뿌리를 이어가겠지
둥둥 울리는 북소리처럼
힘찬 맥박 소리 들려온다
강을 건너고 광야를 말 달려
수백만 년을 뛰어넘으며
너는 지금 오고 있구나
한순간도 끊어지지 않는 이어짐으로
굳게 손잡으러 오는 너를
네가 이어나갈 새로운 날들을
우리는 기쁘게 고대한단다
아가야, 어서 오거라
우리 예쁜 아가야
어서 어서 오거라

가장 큰 장애물은 보이지 않는다

노래의 9할이 호흡이라 함은
치장을 해도 본바탕이 9할이라는 말이다

9할의 재능을 지녔어도
나머지 1할에서 승부가 난다는 말
무엇이 되려 한다면 나머지 1할을 채우라는 말이다

손을 뻗으면 쥐어질 듯한 3푼과
들어올 듯 말 듯하는 3푼과
알 듯 모를 듯한 3푼과
아득해서 보이지도 않는
나머지의 나머지 1푼을 향해
두 팔 두 발 벌려 구애하다가

밖에서 1할을 얻는 것보다
안에서 9할을 꺼내는 일이 더 난망하다는 걸
가장 큰 장애물은 내 안에 있다는 걸
한참을 지나서야 알게 되었다
알고 보니 이미 알고 있었다

〉
노래의 9할이 호흡이라는 말은
기본만 잘 해도 90점이라는 말씀이었다

나만 제대로 직립하면
세상살이에 충분하다는 말씀이었다

핏줄에 기대어

 모처럼 장만한 남원제기로 진설을 하니 시금치나물이 하늘에서 내려온 복삿잎으로 보인다 합장도 하는데 제사도 함께 올리자 해서 어머니 가신 3년 뒤부터 아버지 기일에 함께 모시는데 오늘은 문어에 홍어에 닭을 더해서 죄송한 마음을 달래본다 염려마라 안 지내는 집도 많은데 두 분 다 이해할 거다 구순을 앞둔 이모님이 말씀하신다 음덕이란 이런 거구나 멀리 사는 핏줄들이 모처럼 모여 박자 맞춰 고개 주억거리기가 어디 쉬운 일이랴 두 번 네 번 절하며 산 사람에게 해도 안 될 부탁을 죽은 사람에게 한다 내가 떠나면 내 아이들도 이럴까 죽은 뒤에 들어주느니 지금이 낫겠지 마음으로 새기며 잔을 올린다 돌아보니 복잡한 표정들이 웃고 있다

 모두 알고 있다 닮은꼴끼리 이렇게 기대는 것이 위안이 된다는 것을 아무리 나이 먹어도 가신 분들보다는 언제나 젊다는 것을 후회하기에는 아직 시간이 많지만 망설이기엔 짧다는 것을

개집에 관한 질문

고작 한 가닥 줄에 온 생이 묶여있구나
더러운 밥그릇에 침 흘리며 비루한 꼬리를 흔드는구나

닭은 닭장, 돼지는 우리, 소는 외양간인데
왜 개에게는 집인가

태어날 때부터 종신징역에 처해져
감옥이 집이라는 건가

붉은 철창이 개에게는 녹색으로 보이듯
우리의 안락은 착시일까

길가에 가득
창문에 쇠창살이 달린 집들

하늘 높은 곳에서는
개집으로 보일지도 모른다

미생 未生

다짐하듯 술잔을 움켜쥐던 거친 손가락과
흐린 저녁 날 골목길을 오르던 뒷모습을 생각한다
쓸쓸한 미소는 달라지지 않았구나
우리가 부르던 노래는 유통기한이 지난지 오래
가슴이 비어서 술을 마시고
말보다 진해서 노래를 부른다니
너의 강은 여전히 푸르구나
내가 심던 대나무는 피고 진 지 오래
아직도 꽃을 피우는 너의 눈과
먼 길을 돌아와 삐걱거리는 네 무릎을 생각한다
약삭빠른 이들은 높은 단상에서 한 말씀 하시는데
뒷줄에 서성이는 추레한 너의 어깨를
끝내 깃발을 내리지 않는
깊게 주름진 얼굴을 본다
이루고 싶은 게 많았지만
여전히 미생인 채 살아가는 나를 본다

만두

나는 겉과 속이 다른 사람이 좋아
부드럽고 꾸밈없는데 끓일수록 진국이라
뭐가 들었는지 궁금해지는
속이 꽉 찬 따뜻한 만두 같은 사람
단무지 몇 쪽이면
터진 만두도 맛있게 먹는 사람
속을 감싸주기 위해
껍질이 되어주는 사람

고기만두 김치만두 왕만두 물만두
사흘 내내 먹어도 질리지 않는 건
당신을 닮았기 때문이야

소극장 찬가

나는 소극장이 좋다
공간 가득 웅축된 열기에 가슴이 달궈지고
청바지를 입은 것처럼 마음이 푸르러진다

빈틈없이 공간을 채우는 소리의 울림이
연주자와 관객이 주고받는 심장의 공명이
머리에서 발끝까지 세례를 한다
세포 하나하나 일으켜 세우고
아드레날린을 뿜으며 다시 태어나게 한다

배우는 관객을 내려보지 않고
관객은 무대를 우러르지 않고
무대는 관객의 날숨을 들이마시고
관객은 옆사람과 숨이 공평해진다
손 내밀지 않아도 하나가 되어
한 뼘 앞 박수소리에 온몸이 젖어든다

문턱이 낮고 무대도 작아
꿈틀대는 소리가 온몸을 휘감는 곳

차가운 심장도 들썩이게 하고
일상과 예술을 입맞추게 하는
소극장이 살아야 예술이 산다
오늘도 나는 소극장에 간다

가우디는 미쳤다

가우디는 내 상식의 멱살을 잡고 흔든다
기대했던 그의 발상이 유치해서 놀라고
그것을 실현시켰음에 아연하고
규모에 압도되어 한숨짓는다
기발함을 찾던 내 근본이 단숨에 무너지고
극에 이르면 무엇이든 위대해짐을 증명한다
내 상상력의 연약함과
섣부른 가지치기가 불쌍하다
얄팍하다고 버려진 생각들
꽃 피지 못하고 시들은 잎사귀들
끝까지 파고들지 못해 숱한 사생아를 낳은 나에게
자신은 이런 걸 실현시켰다며
웅장하게 늘어선 기둥 위에서 내려다본다
처진 어깨로 돌아서는 내 뒤통수를
아득한 첨탑으로 찍어 누르며
삼십 년 후에 너는
무엇을 보여줄 수 있냐며 잘난 체한다

알함브라의 붉은 비

알바이신의 비탈진 골목을 내려와
작은 식당에서 쌉싸름한 맥주를 마셨다
성벽을 물들였던 이교도의 눈물이
이사벨라의 야망과 나스르의 절망이
빈 궁전을 휘감는 빗줄기에 섞여 흘렀다
나에게도 이교도의 피가 흘러
성벽 아래 버려진 땅으로 밀려나
시린 손가락을 상처 난 가슴에 묻던 날 많았다
붉은 산 붉은 가로등 아래 비를 맞으며
기타를 끌어안고 부르던 늙은 집시의 노래
자갈길에 튕겨 오르는 빗방울 소리
젖은 트레몰로가 골목길 따라 내려왔다
하얀 담벼락에 그려진 검은 고양이가
어서 멀리 가라고 이방인을 쫓고 있었다
그라나다여, 이제는 다른 빛깔로 맺히는 석류여
흘러간 이름을 소환하지 마라
알함브라 성벽이 더 붉어진다 해도
성가퀴에 굳센 방패를 다시 세운다 해도
먼 길을 떠돌던 약속은 오래전에 사라졌으니

숲길을 걸으며

단전이 왜 몸의 중심인지
호흡이 왜 생명의 근원인지
몸을 들여다보며 걷다보면 알게 된다
날숨으로 나를 비워내면 숲이 받아주고
숲의 날숨을 내 들숨으로 마시며
숲과 나를 이어가는 일
발바닥으로 전해오는 대지의 뜨거움
오장육부를 덥히고 살갗으로 빠져나가는 일
나는 수많은 순환 중에 한 고리가 되어
흐르듯 구르듯 걸어간다
길은 걷는 자의 것
맥박으로 땅을 두드리면서
실핏줄마다 열망을 뿌리며 저 언덕 너머로
온몸으로 밀고 나아간다
고인 마음 멀리 흘러 보내며
팔다리로 노 저으며 노래하면서
하늘 향해 날듯이 가볍게 가볍게

구부러진 길

산들산들 코스모스 이정표 삼아
출렁출렁 억새처럼 들길을 걷네
지름길은 접어둔 지 오래
천천히 가장 늦게 도착하려네

길들지 말라고 구부러지는 길
스스로 길을 내며 날아가는 새
발길 재촉하는 마음 달래며
향기로운 바람과 손잡고 가네

개울물 소리 장단 맞추며
저 멀리 들려오는
대지의 노래여

구부러지며 깊어가는 길로
들풀처럼 끈질기게
나 걸어가겠네

푸른 눈물

그 사람이 두고 간
숨결 고운 시집 한 권

벗 삼아 곁에 두고
읽고 또 읽었더니

마른 눈 촉촉해지고
귀가 밝아졌나 봐

샛별과 아버지와 파도와 수수꽃이
창문을 두드리며 무언가 놓고 가네

행간에 흐르는
푸른 눈물 한 줄기

무언(無言)·묵언(默言)으로의 대화
— 강석화 시집 『개망초 영농기』의 시 세계

구재기(시인, 한국문인협회 부이사장)

  일상의 생활을 짐짓 뒤돌아보다 보면 문득 너무나 익숙해져 있어 그냥 그대로 믿어버리고 있을 뿐만 아니라 가깝고도 확실한 현실에 비하여 조금은 무엇인가 비현실적인 것만 같고 때때로 꿈 같은 일이지 않았나 싶기도 한 때가 있다. 그러나 곰곰 생각하다 보면 확실한 현실과 마찬가지로 비현실적이요 꿈만 같은 것도 결국에 이르러서는 오히려 현실적인 것보다도 더 현실적이지 않은가 싶기도 하다. 특히나 시인은 현실과 마찬가지로 비현실적인 것까지도 엄연한 하나의 현실로 인식하고는 새로운 세계로 제시해 놓기도 한다. 비록 그것이 언어로 다 표현할 수 없는 그 어떤 것이라 하더라도 시인은 자기 속에 가지고 있는 정서적 반응을 통하여 얻은 것을 언어의 힘을 빌려 말해주려고 노력한다. 그리고 그 속에서 시인은 즐거움을 얻는다.

이러한 가운데 시인은 끊임없는 대화를 추구한다. 시인은 끊임없는 대화를 시도하는데 잠시도 멈추지 않는다. 대화에 있어서 쉼이란 있을 수 없다. 무릇 대화를 하는 데에 있어서는 대상이 있기 마련이다. 시인에게 대상은 눈에 보이기도 하고, 보이지 않기도 한다. 대상은 실존하거나 실존하지 않기도 한다. 그런데도 대화는 그치지 않는다. 시인의 대화 상대는 존재의 유무(有無)에 따르지 않고 스스로 마음속에 존재하기 때문이다. 그래서 시인은 눈에 보이는 존재와의 대화도 대화이지만, 보이지 않는 자기 자신의 내면에 자리 잡고 있는 자기 자신과의 대화를 하게 되기도 한다. 무언(無言)이라든가 묵언(默言)으로의 대화까지도 말이다.

이에 따라 시인에게 대화의 상대는 현실에서 존재하지 않기도 하지만, 그렇다고 굳이 존재하지 않는 것도 아니다. 현실과 마찬가지로 존재 하거나 존재하지 않는 모든 비현실적인 존재까지와도 끊임없는 대화를 하는 동안 시인은 언어라는 힘을 빌려 애매(曖昧)하기도 하고 모호(模糊)하기도 한, 그래서 다의(多義)하기도 한 새로운 세계를 제시해주게 된다.

산밑에 비닐하우스 짓고
부추 심어 먹는데
새 한 마리 들어와 헤매고 있다
산새가 산밑에서 길을 잃다니
아직 젊구나 싶다가
내게로 오는 눈빛들은 다 선하구나 싶다가
가장 좋아하는 일을 생업으로 삼지 말라던
선생의 말씀에 닿았다
인생은 외길이라지만 진리는 여러 갈래
베어져도 계속 자라는 부추처럼
일어서고 또 일어서도
굽은 길은 펴지지 않는 걸까 어쩌면
넘어서지 못한 자의 변명이 아닐까
지쳐버린 잿빛 날개여
뜨거운 바람 깃털에 깃들어 있을 때
너의 사명을 다 하려무나 휘이휘이
산 아래 선한 눈빛들에게
문은 열린다는 걸 증명한 아침
외길 세상에 새 길 하나 뚫어놓는다
　　　　　　　　　　　―「휘이휘이 산비둘기」 전문

　위 시작품 속에서 화자(=시인)는 "산밑에 비닐하우스 짓고/부추 심어 먹는데/새 한 마리 들어와 헤매고 있다"

는 눈앞의 현실을 만난다. 뿐만 아니라 "산새가 산 밑에서 길을 잃"고 있다는 현실 앞에서 "아직 젊구나 싶다가/내게로 오는 눈빛들은 다 선하"다는 화자 자신과의 대화를 시작한다. '새 한 마리' 즉 한 마리의 '산비둘기'가 헤매고 있다는 현실을 통하여 '산밑'(=현실)에서 어느덧 '산비둘기'와의 동일화(同一化)를 이루고 있는 화자 자신의 내면으로 들어와 화자 스스로의 "아직 젊구나 싶다가/내게로 오는 눈빛들은 다 선하구나 싶다가" 또 다른 현실인, 과거의 현실인 "가장 좋아하는 일을 생업으로 삼지 말라던/선생의 말씀에 닿았다"고 말한다.

한 마리의 산새인 '비둘기'로부터 자신의 한 일면과 동일화를 이루면서 과거의 현실인 '선생의 말씀'에 이르기까지 대화의 대상은 이어진다. 그리고 이러한 가운데 화자는 "인생은 외길이라지만 진리는 여러 갈래/베어져도 계속 자라는 부추처럼/일어서고 또 일어서도/굽은 길은 펴지지 않는 걸까 어쩌면/넘어서지 못한 자의 변명이 아닐까"라는 자기 자신과의 대화를 통하여 나름대로 삶의 길을 일구어낸다.

그러나 화자의 작업은 여기에서 그치지 않는다. "지쳐버린 잿빛 날개여"하고 화자는 자신과의 동일화를 이룬 현실 앞의 비둘기와 대화를 시도한다. 이때의 '산비둘기'는 화자가 본, 화자가 마주한, 화자의 대화 상대가 아닌, 이를테면 "산밑에서 길을 잃"은 현실의 '산비둘기'가 아니다. 그야말로 이 '산비둘기'는 화자 자신의 새로운 모습으로 환치되어 나타난 대상이요, 화자 내면에 자리한 자기 자신의 또 다른 모습이다. 곧 화자 자기 자신이다. "지쳐버린 잿빛 날개"는 지난날의 어느 한때 삶에 지쳐버린 화자 자신의 모습이다. 그리고, "뜨거운 바람 깃털에 깃들어 있"는 '산비둘기'의 모습은 삶의 역경 속에서 휘청거릴 때의 화자 자신이기도 하다.

그러하거니와 화자는 자신이 그러한 현실에서 벗어나 어엿하게 새로운 삶의 모습으로 건재하는 자기 자신의 현실처럼 산비둘기에게 새로운 삶의 모습을 제시해준다. 그리고 비둘기에게 "너의 사명을 다 하려무나" 외치면서 삶의 터전으로 힘차게 나아가라며 외쳐댄다, "훠이훠이". 화자는 '산비둘기'로부터 현실을 극복한 자신의 삶의 의지를 '산비둘기'와의 현실적이요 비현실적인 내면적 대화를 통하여 "훠이훠이", "산 아래 선한 눈빛들에게/문은 열린다는 걸 증명한 아침/외길 세상에 새 길 하나 뚫어놓"고 있는 것이다.

    삼 년 동안 논을 놔뒀더니 돌미나리 붉은 늪이 되어버렸다 살판 난 개구리들이 첨벙거리고 풀섶에는 시퍼런 뱀이 도사렸다 이웃집 옥자 아줌마는 미나리꽝을 만들면 돈이 될 거라 했다 물을 빼고 집 지을 때까지 땅이나 말리자며 한 해를 더 보냈다 미나리가 밀려나고 그 자리를 도깨비바늘과 가막사리가 차지하는가 싶더니 개망초가 하얗게 번져나갔다

옥답이 풀밭이 되었다며 마을 노인들이 쯧쯧 혀를 차고 잡초라도 베어주라고 아내는 성화를 부렸지만

내가 꿈꾸는 삶의 종결어미는 소나무처럼 제 자리를 지키며 개망초처럼 빈곳을 메우다가 마애삼존불처럼 미소 짓는 것

우리 밭의 첫 수확인 눈꽃 같은 개망초 한 다발을 아내에게 안겨주었다

—「개망초 영농기」 전문

이 시작품에서 화자는 농사꾼이다. '좋은 농사꾼에게는 나쁜 땅이 없다'는 말이 있다. 열심히 농사를 짓는 사람은 땅의 질質에 상관없이 많은 곡식을 거둔다는 뜻으로, 모든 일이 자기가 하기 나름이라는 의미도 숨어있다. 뿐만 아니라 '부지런한 농사꾼에게는 나쁜 땅이 없다'고도 하는데, 이는 논밭을 열심히 가꾸면 나쁜 땅도 좋은 땅으로 만들어 소출을 많이 낼 수 있다는 것을 비유적으로 이르는 말이다. 그러나 위 시작품 속의 농사꾼은 이러한 농사꾼

이 아니다. "삼 년 동안 논을 놔뒀더니 돌미나리 붉은 늪이 되어버렸다"는, 농사일을 잘할 줄 모르는 하농(下農)이다. "살판 난 개구리들이 첨벙거리고 풀섶에는 시퍼런 뱀이 도사렸"으며 이를 보다 못한 "이웃집 옥자 아줌마는 미나리꽝을 만들면 돈이 될 거라" 충고하기에 이르렀다. 그러하거니와 "물을 빼고 집 지을 때까지 땅이나 말리자며 한 해를 더 보냈다 미나리가 밀려나고 그 자리를 도깨비바늘과 가막사리가 차지하는가 싶더니 개망초가 하얗게 번져나갔"을 뿐이다. 좋은 농삿군은 열심히 농사를 짓는 사람은 땅의 질에 상관없이 많은 곡식을 거둔다는데, 그러하기는커녕 결국 "옥답이 풀밭이 되었다며 마을 노인들이 쯧쯧 혀를 차고 잡초라도 베어주라고 아내는 성화를 부"리는 핀잔만을 듣기에 이르렀다. 이 시작품은 화자인 서툰 농사꾼의 농사 행위와 그 농사 결과를 대상으로 한 현실적 삶의 한 모습을 보여준다.

 화자는 '영농(營農)'이라는 현실에서의 화제(話題)와 인습적으로 인식되어 있는 농사의 이미지를 새로움으로 희화(戱畫)하여 창출해놓고 있다. 농사의 실패담을 역설적(逆說的)으로 표현함으로써 시를 읽는 즐거움을 가일층 승화시켜 놓고 있다. 즉 서툰 농사꾼의 농사짓는 행위를 모순되고 부조리하게 보이면서도, 이 속에 담겨 있는 삶의 진실한 모습을 적나라하게 보여준다. 뿐만 아니라 "내가 꿈꾸는 삶의 종결어미는 소나무처럼 제 자리를 지키며 개망초처럼 빈곳을 메우다가 마애삼존불처럼 미소 짓는 것"이라면서 "우리 밭의 첫 수확인 눈꽃 같은 개망초 한 다발을 아내에게 안겨"준다. 이렇게 사사로운 욕심이나 불순한 생각이 전혀 없는 삶의 순수하고 진실한 모습은 이를 바라본 독자로 하여금 참다운 삶의 진실이 무엇인가를 보여준다. 이 시작품의 끝부분에 이르면 독자가 농사 행위를 한 특수 현상으로서의 시작품과 예술적 창조 행위를 긍정하면서도 동시에 절대적 보편성에 비추어 그것이 가상(假想)에 불과하다고 부정하는 시인의 태도를 엿보이게 함으로써 자못 파안파안(破顔)의 즐거움을 느끼게 하는 것은 일종의 로맨틱 아이러니(romantic irony)에서 맛볼 수 있는 시적(詩的) 희열(喜悅)이라 하겠다.

  시로 쓰이는 언어는 시인에 의하여 강제적으로 보편화된다. 또한 시에 있어서의 보편화된 언어는 어떤 시적 대상의 보편화를 새롭게 재현하고, 일상생활에서 사상 활동을 활기차게 생성하는 근원이 되도록 힘을 일으켜줌으로써 몸과 마음의 움직임을 윤택하게 한다. 시는 시적 대상을 보다 더 아름답게 하고, 순수하고 뛰어나고 보다 더 좋게 표현하여 불멸성(不滅性)의 후광(後光)으로 대상을 새롭게 가꾸어 놓는다. '씨감자'의 화려한 부활을 엿보기로 한다.

    씨감자는 육신의 부활을 믿는다

어둡고 어두워

아무것도 담지 않은 날것의 껍데기를 예비한다

욕망이었던 오른손과 맹목이었던 왼손으로

염기 서열의 퇴적을 기다린다

치열했던 생의 한 바퀴가

몇 알의 감자로 맺히기까지

구멍 숭숭한 바람이 불었으리라

고비마다 아팠으리라

외롭고 외로워

빛은 부서져 모래가 되고 검은 흙이 되고

씨감자는 뼈를 갈아 새싹을 빚는다

눈 부릅떠도 저만큼 지나가는 한 세상

모두 보낸다 지난번 육신처럼

이번 생은 부디 뜻대로

더 외롭게 가도 좋으리

쓰러지지만 않게 꽃대 깊이 내리고

붉은 피 멍들도록 진보라 꽃망울로

가볍고 가볍게

손 흔들면 충분하리

지난여름 늦은 햇살에 잠시 반짝였던가

이름 없는 씨감자

저 혼자의 이유로 다시 태어나려 한다

―「어느 씨감자에 대하여」 전문

한 편의 시에서는 오직 시적 대상의 마음이나 재주, 기운, 기세 등을 떨쳐 일으키기 위하여 다분히 초월적이어야 한다. 하나의 "씨감자는 육신의 부활을 믿"고 그 부활을 믿어 "어둡고 어두워/아무것도 담지 않은 날것의 껍데기를 예비한다". 이 시작품의 화자에게 '씨감자'는 보편적이고 일반적인 작물처럼 번식시키기 위하여 준비된 '씨감자'가 아니다. 하나의 엄연한 존재요, 소우주요 생명체이다. 그러하거니와 '씨감자'가 가진 "욕망이었던 오른손과 맹목이었던 왼손으로/염기 서열의 퇴적을 기다"리게 된다. 이것은 바로 '씨감자'만이 가질 수 있는 삶의 의지로서의 방식이며, '씨감자'가 가지는 보편적인 생존의 한 방식이다. 화자는 이러한 '씨감자'의 특수한 생존방식을 강제적으로 보편화하기에 이른다. 그것은 곧 모든 생명체가 가지는 일반적인 생존방식과 동일한 삶의 고통과 고난을 가지게 한다. 하나의 생명체는 그 생명을 유자하면서 살아가는 동안 크고 작은 고통과 고난과 역경을 만나게 된다. 그러므로 '씨감자' 또한 "치열했던 생의 한 바퀴가/몇 알의 감자로 맺히기까지/구멍 숭숭한 바람이 불었으리라/고비마다 아팠으리라"고 한다. 이 바람과 고비는 곧 모든 생명체가 생명체로서 살아가는 동안 어쩔 수 없이 가지게 되는 인고의 고통과 아픔을 '씨감자'로 하여금 일반화한다. 이러한 보편적이요 일반적인 생명에의 고통과 아품의 고비는 모든 생명체가 그러하듯 "외롭고 외로워/빛은 부서져 모래가 되고 검은 흙이 되고/씨감자는 뼈를 갈아 새싹을 빚는" 것이거니와, 위대한 씨감자의 생존을 위한 예비요 보편적인 삶의 역경을 인고하는 모습이기도 하다. 바로 "눈 부릅떠도 저만큼 지나가는 한 세상"을 살아가는 지혜요 슬기로운 삶의 방식인 것이다.

  이와 같은 삶의 지혜는 '씨감자'로 하여금 "모두 보낸다 지난번 육신처럼/이번 생은 부디 뜻대로/더 외롭게 가도 좋으리", 뿐만 아니라 "쓰러지지만 않게 꽃대 깊이 내리고/붉은 피 멍들도록 진보라 꽃망울로/가볍고 가볍게/손 흔들면 충분"하거니와, 활기차게 생성하는 근원이 되도록 힘을 일으켜줌으로써 새로운 생명체로서 "지난여름 늦은 햇살에 잠시 반짝였"음을 확인할 수 있다. 비록 "이름 없는 씨감자"이지만 바로 '씨감자'만의 '씨감자'로서 "저 혼자의 이유로 다시 태어나려 한다"는 삶을 영위하게 되는 것이다.

> 베란다 햇살이 아까워 화분을 내어놓으려고
> 거실 구석 키 큰 해피트리를 허리 숙여 드는데
> 눈자위에 핑하니 차오르는 촉촉
> 온몸으로 따뜻하게 번져나간다
> 습관처럼 굽혀지던 허리의 각도를
> 눈물샘은 기억하고 있었나

울지 않게 된 날부터 응축된 응어리 하나
이제 녹으려나 보다
슬픔도 모아놓으면 재활용이 되는지
먹구름이거나 뜬구름 같은 날들 방울방울 맺혀
오래 숙성된 눈물 고로쇠 약수보다 달다
살비듬 두터워진 몸이
눈물샘 저 깊은 곳에 글썽거림을 알았으니
이제는 직립을 고집하지 않아도 좋겠다
화분에게 허리 굽히며 살아도 좋겠다
구부러진 풀잎에서 이슬 돋아나듯이
언제나 눈물은 선물이었으니
햇살이 나뭇잎에 스미듯이
사람이 사람에게 스미듯이

―「구부리면 눈물이 난다」 전문

  시인은 이미 예비된 마음의 정서를 흥분된 눈망울로 하여금 대상을 통하여 빚어냄으로써 물상에서 가슴으로, 다시 가슴에서 물상으로 끊임없이 이어지는 정서를 통하여 계속 이어지는 상상(想像)을 구체화하고, 이를 형상에 없는 것에까지도 명명(命名)을 통한 존재의 가치를 부여해 주고 있다.

  위 시작품에서 화자는 "거실 구석 키 큰 해피트리"를 만나면서 시작된다. "베란다 햇살이 아까워 화분을 내어놓으려고" 한다. 그래서 "허리 숙여 드는데" 어느 사이 "해피트리"와 함께하는 순간 그 동안 "해피트리"와 함께 겪어왔던 모든 삶의 모습이 "눈자위에 핑하니 차오르는 촉촉/온몸으로 따뜻하게 번져나간다"는 것을 느낀다. 화자는 이미 '해피트리'가 자라고 있는 화분을 옮기려는 마음을 하는 순간 그 동안 '해피트리'와 함께했던 모든 체험들이 한꺼번에 가슴 가득 파노라마(panorama)처럼 연달아 펼쳐진다.

"습관처럼 굽혀지던 허리의 각도를/눈물샘은 기억하고 있었나"에서 볼 수 있듯이 화자는 '해피트리'와의 일상으로부터 '눈물샘'이라는 아픔을 가지고 있다. 그것은 어느 날 갑자기 체험한 팩트(fact)가 아니라 "습관처럼 굽혀지던 허리의 각도"로 기억된 삶의 아픔이다. 그것은 곧 '눈물샘'이요, "울지 않게 된 날부터 응축된 응어리 하나"가 되어 화자의 가슴에 간직된 것이기도 하다. 그러나 화자는 이제 모든 '눈물샘'은 지난날의 습관처럼 굽혀지던 아픔이 아니다. 오히려 모든 아픔이나 슬픔이 지워져버리듯 "이제 녹으려"는 것이다. "슬픔도 모아놓으면 재활용이 되는지/먹구름이거나 뜬구름 같은 날들 방울방울 맺혀/오래 숙성된 눈물"이 결국에는 "고로쇠 약수보다 달다"는 표현으로 용해하기에 이른다.

시에 있어서의 대상을 자세하게 언어로 말한다는 것은 어디까지나 시를 이루고 있는 시어(詩語)나 시구(詩句)와

행(行), 연(聯) 등에 따른 짜임이나 시점(視點), 즉 사물을 보는 화자의 관점(이를 테면 시 속에서 화자가 시작품 속의 내용을 바라보는 위치를 통해 본)에의 결과에 따른 전체적인 모습이라 할 수 있다. 그 속에서 한 마디, 한 줄, 또는 하나의 지시적 정황을 구성하는 실체인 시구는 비유와 함께, 또는 비유에 의해 형성된다. "살비듬 두터워진 몸이/눈물샘 저 깊은 곳에 글썽거림을 알았으니/이제는 직립을 고집하지 않아도 좋겠다/화분에게 허리 굽히며 살아도 좋겠다"는 화자의 진술 속에서「구부리면 눈물이 난다」는 데에서 보여주는 비유의 실체는 "구부러진 풀잎에서 이슬 돋아나듯이/언제나 눈물은 선물이었"으며, 이는 마치 "햇살이 나뭇잎에 스미듯이/사람이 사람에게 스미듯이" '해피트리'에 대한 화자의 사랑하는 정서나 마음, 즉 애정(愛情)뿐만 아니라 가엾이 여기는 애정(哀情)의 모습까지도 엿보이게 한다.

살아온 날에서
내세울만한 자랑도
남보다 더한 비참도 없어
눈은 밑바닥에 닿지 못하고
혀는 겉핥기에 그쳐
짐작과 상식으로 빈 곳을 메우네
죽는 자의 눈물에서 비린내를 맡지 못하고

조여오는 공포도 상상의 주변이라서
탄저병이 휩쓸고 간 들녘
검게 비틀린 고추에서
고통보다 불결이 먼저 손에 닿네
붉게 익다만 열매들이 바닥에 뒹굴고
점점이 핏물처럼 번지는데
합리로 눈물을 대신하는 일꾼은
메뉴얼대로 움직이네, 병든 뿌리를 뽑네
안락과 풍요를 꿈꾸다가
미이라가 된 고추처럼
감각이 시들어 모두 놓쳐버리는
무서운 무념무상에 전염되고 말았네

―「전염」전문

  이 시작품은 전체 4부분으로 짜여 있다. '~매우네', '~닿네', '뽑네', '~말았네'의 부분으로 나뉜다. 시에 있어서 어떠한 대상에 대한 관점에 따라 주제를 향한 진술은 점진적으로 다양하게 나타난다. 부분별로 살펴보기로 하자.

  위의 시작품 속에서 화자는 탄저병으로 인하여 미처 아물지도 못한 채 골아 떨어져버린 수많은 고추를 바라보면서 만감에 젖어든다. 마지막 부분부터 말하자면 '고추'로부터 이루어지기를 간절히 바라던 "안락과 풍요를 꿈꾸"어 왔으나 소기의 목적에 달성하기는커녕 "미이라가 된 고추"를 바라보면서 그만 말을 잃고 만다. 고추에 대한 희망이나 이상은 고사하고 간절히 꿈꾸던 슬픔이나 고통이 지나쳐 매우 절망하게 된다. 그 절망은 "감각이 시들어 모두 놓쳐버리는" 화자 자신으로 하여금 눈앞에 전개된 상황에 따른 현실적 사고가 결여된 절망 상태로 이르고 말았으며, 이러한 상태를 비유적으로 "무서운 무념무상에 전염되고 말았"다고 말한다.

화자에게서 고추 농사는 엄연한 현실적인 꿈이요 이상을 실현하고자 하는 의지의 행위이다. 또한 실현 가능성을 가짐으로써 그만큼 희망이나 이상을 가진다. 그러나 '탄저병'로 인하여 고추농사는 모두 헛된 꿈이 되고 만다. 모든 희망을 잃어버리고 절망에 이른 화자는 허탈함에 이른다. 그야말로 어떠한 말조차 한마디 할 수 없을 정도의 상실감에 휩싸인다. 화자는 '미이라'처럼 고스라진 고추의 모습을 바라보면서 자신의 삶을 돌아본다. "살아온 날에서/내세울만한 자랑도/남보다 더한 비참도 없어/눈은 밑바닥에 닿지 못하고" 살아온 삶의 역경으로 인한 고통과 고난은 "혀는 겉핥기에 그쳐/짐작과 상식으로 빈 곳을 메우"고 살아간다는 것이다.

이러한 상황은 둘째 부분에서 일반적인 사회적 상황으로 제시되어 있다. "죽는 자의 눈물에서 비린내를 맡지 못하고/조여오는 공포도 상상의 주변이라서/탄저병이 휩쓸고 간 들녘/검게 비틀린 고추에서/고통보다 불결이 먼저 손에 닿"는다고 말한다. "탄저병이 휩쓸고 간 들녘"으로부터 절망적 상황이 가중되고 만다. 그것은 마치 "죽는 자의 눈물에서 비린내를 맡지 못하고/조여오는 공포도 상상의 주변"을 인식하기에 이르면서, 마침내 "고통보다 불결"을 느낀다. 고추가 "붉게 익다만 열매들이 바닥에 뒹굴고/점점이 핏물처럼 번지"고 있는 것을 바라보면서 "합리로 눈물을 대신하는" 화자는 고추 농사의 "메뉴얼대로 움직이"다가 결국 "병든 뿌리를 뽑"고 만다. 그것은 곧 고추 농사로 인한 비극성을 화자 스스로 인식하고 있는 것이며, 화자가 자신을 바로 인식하고 있는 비극적 삶의 한 모습이기도 하다,

    한강에서 헤엄치며 어린 시절을 보냈다 검은 바위가 솟아있는 곳에 우리의 본부를 차렸다 어느 날 커다란 튜브가 생겨 그걸로 강을 건너기로 했다 옷을 벗어 묶고 세 녀석이 거기에 매달렸다 강물은 검고 소리는 천둥 같고 앞도 뒤도 까마득했다 떠내려가다가 어딘가에 닿았다 종일 굶고 물어물어 걸어 밤 깊어서 겨우 동네로 돌아왔다 세 놈이 빠져 죽은 줄 알고 난리도 아니었다

    옆구리에 책을 끼고 다니던 학창시절 월든[1]을 읽으며

---

1) 『월든(Walden)』은 미국의 철학자요 사회운동가인 헨리 데이비드 소로(Henry David Thoreau, 1817. 7. 12.~1862. 5. 6.)가 1845년 7

숲속을 꿈꿨다 퇴직을 앞두고는 빛 바른 언덕을 찾아 다녔다 아내는 바다가 멀지 않으면 했다 그때는 몰랐다 나를 끌어당기던 것을

가만히 생각해보니 다시 검은돌 곁이다 흑석동에서 태어났으니 현암리에서 마치라는 뜻인가 내 안에 검은 돌부리가 있어 서로 당겼다면 이제라도 윤기나게 닦아보아야겠다

— 「검은돌 수미상관법」 전문

'수미상관(首尾相關)'이란 시의 처음과 끝을 동일하게

월부터 1847년 9월까지 월든 호숫가에서 살았던 대안적인 삶을 기록한 책으로, 20세기 이후 현대 사회 운동의 여러 분야에 큰 영감을 준 저작이다. 그는 문명사회에 반대하며 월든 호숫가 숲속에서 손수 오두막을 짓고 2년 2개월 2일 동안 최소한의 비용으로 단순하고 실험적인 삶을 살았다. 대부분 사람들이 묵묵히 절망적인 삶을 살아내는 데 거부감을 느낀 그는 강요받는 삶에서 벗어나 주체적으로 삶을 이끌어 나가는 자기만의 독립을 시도한 것이다. 『월든』은 이때의 경험과 성찰을 소박하고 진지하게 묘사한 산문 작품으로 의식주에 집착하지 않고 자급자족으로 생활을 꾸려나가는 모습이 표현되어 있다. 자연에 대한 경이, 영적 자아를 발견하는 과정을 유려한 문체로 그려내 물질만능주의 사회를 통렬히 비판하고 대안적인 삶을 제시한다. 당시 소로의 이웃들은 제대로 된 직업이 없는 소로의 처지를 비웃었으나 소로는 『월든』을 통해 "삶의 필수품을 확보하면 불필요한 것을 더 얻으려 애쓰지 말고 비천한 노동으로부터 한숨 돌리고 삶의 모험을 감행하자"고 설파했다.

하여 전체의 내용을 강조하는 기법을 말한다. 시의 주제를 강조하고, 시의 짜임새를 돋보이게 하는 효과가 있다. 작품의 완결성을 높이고, 작품의 주제나 분위기를 강조하는 효과가 있다. 따라서 수미상관을 잘 활용하면 작품의 완성도를 높일 수 있다. 수미상관은 시뿐만 아니라 음악에서 첫 소절과 마지막 소절이 같거나 비슷한 곡이 있고, 미술에서는 첫 그림과 마지막 그림이 같거나 비슷한 그림이 수미상관의 예가 될 수 있다. 영화에서는 첫 장면과 마지막 장면이 같거나 비슷한 장면을 보여주는 영화가 수미상관의 예가 될 수 있다. 그렇다면 위의 시작품에서의 수미상관은 무엇을 말하고 있는 것일까?

위 시작품에서 화자는 시의 배경을 화자의 삶터로 규정하고 있다. 어릴 적의 삶터는 '흑석동(黑石洞)'이다. 그리고 지금의 터전은 '현암리(玄岩里)'이다. 이를 수미상관에 견준다면 화자의 삶터는 '흑(黑)'과 '현(玄)'의 '검다'라는 의미로 옛'과 '오늘'을 이루고 있다. 말하자면 '흑석(黑石)'이라는 '검은 돌'과 '현암(玄岩)'이라는 '검은 바위'가 바로 그렇다. 이 둘을 견주고 나면 모두 '검은 돌[石과 岩]'이라는 공통된 상관(相關)이 보인다. "검은 바위가 솟아있는 곳에 우리의 본부를 차렸다 어느 날 커다란 튜브가 생겨 그걸로 강을 건너기로 했다 옷을 벗어 묶고 세 녀석이 거기에 매달렸다 강물은 검고 소리는 천둥 같고 앞도 뒤도 까마득했다 떠내려가다가 어딘가에 닿았다 종일 굶고 물어물어 걸어 밤 깊어서 겨우 동네로 돌아왔다 세 놈이 빠져 죽은 줄 알고 난리도 아니었다"는 "한강에서 헤엄치며 어린 시절"을 지난 다음 "옆구리에 책을 끼고 다니던 학창시절 월든을 읽으며 숲속을 꿈꿨다 퇴직을 앞두고는 빛바른 언덕을 찾아 다"니며 "바다가 멀지 않으면 했"던 아내와 삶터를 찾던 중 "나를 끌어당기던 것을'" "그때는 몰랐"는데 결국은 "현암"이다. 삶의 처음과 지금의 삶의 터전이 곧 '검은돌'과 관련된 곳이다.

어린 시절과 오늘의 현재가 '검은돌'이란 지명에 의한 수미상관에 이르기까지 화자는 "옆구리에 책을 끼고 다니던 학창시절 월든을 읽으며 숲속을 꿈"꾸어 왔으며, 마침내 화자 자신도 모르는 사이 '검은돌'과의 상관을 이루며 정착하게 되었다는 것은 운명론에 입각한 삶의 자세에서 비롯된 것인지도 모른다. 삶의 모든 과정은 어떤 신비하고 절대적인 힘에 의해 미리 결정되어 있으며, 따라서 모든 인간도 태어날 때 이미 변경될 수 없는 자신의 운명을 갖고 태어나기 때문에 이 운명에 순종해야 한다는 화자의 철학적 견해를 말해주고 있는지도 모른다.

시인 강석화의 삶의 이동 경로는 예사로이 보이지 않는다. 그것은 산업화의 물결을 타고 너도 나도 대도시로 향하여 인구 밀집지역을 형성하고 있는 오늘날의 사회 현실에 역행하는 모습을 보이고 있다.

여느 누구와는 다르게 대도시인 서울에서 태어났고, '천안'이라는 지방 도시에 거처하면서 공직 생활을 해왔고, 그리고 공직에서 물러난 다음에는 생면부지의 충남 '서천'이라는, 도시와는 거리가 먼 시골을 거처로 삼았으며, 서천 지방에서도 산 깊은 '판교'에서 정착하기에 이른다. 그는 "12월은 물음표가 되는 달/등짐 진 숫자들이 차곡차곡 쌓인다/시간의 이정표 아래 잠시 멈추어 /숫자로 치환되는 지나온 길을 되돌아본다/독촉장처럼 문 앞에 서 있는 삼백여 날들/제대로 살찌운 하루가 없다/저기 어깨 늘어뜨리고 종종걸음으로/며칠 남지 않은 날들이 지나"(「끝머리에 서서」) 시골에서 도시로가 아닌, 도시에서 시골로 향한 삶의 길을 택한 시인 강석화. 이러한 삶의 길을 따라 그는 흙과 가까워지고 싶었고, 그 흙에서 자라는 풀과 나무에 관심이 깊어짐은 물론 작물과의 끊임없는 대화는 어느 사이 스스로도 식물화된 삶의 기운에 흡입되어지고 있음을 보여준다. "뿌리가 없어도 잎은 더 푸르게/밑동이 없어도 꽃은 더 붉게//물에 적신다고 희석될 리 없는 상처/아픔을 힘 삼아 연둣빛 꽃대를 밀어 올렸을 것"(「꽃병 속의 꽃」) 이라는 사실에 눈을 뜬다.

 강석화 시인의 시는 다분히 식물성이다. 무(無)에서 유有를 창조하는 풀과 나무의 식물화로 되어가고 있다. 그러므로 강석화의 시적 대상은 자연적으로 그를 둘러싼 풀과 나무라는 식물성을 중심으로 이루어지고, 무에서 유를 창조하는 정신적 기반으로 하고 있음을 보여준다. "한 달만 마음대로 살 곳을 고른다면/노을 예쁜 바닷가에 방 한 칸 빌려서/바다를 향한 키 큰 소나무에 마음 한 가닥 걸어두겠소/낮에는 종일 모래밭을 거닐고/밤에는 날렵해진 마음으로 시를 읽겠소"(「시를 읽겠소」) 라고 외치기도 한다.

이 같은 삶의 길에서 시인은 식물성의 자연에 이어지는 경험과 성찰을 진지하게 바라보고 있다. 의식주조차도 집착하지 않고 자연의 한 현상으로 자급자족의 생활을 꾸려 가고 있음을 보여주기도 한다. 이에 따라 얻어지는 자연으로부터의 경이로움, 영적인 자아 발견의 과정은 물질만능주의가 팽배한 사회를 은근하고 끈기 있게 비판하고 무엇이 올바른 삶인가를 깨닫게 한다. 그러한 가운데 시인은 "그 시작이 언제였는지 모르지만/거슬러 올라가면 한 번도 끊어지지 않고 이어지는/오래된 뿌리가 있다/그 끝이 언제일지 모르지만/앞으로도 끊어지지 않을/불멸의 이어짐이 있다/수만 년 전에 뿌려진 한 알의 씨앗이/원시의 정글을 뚫고 만년설 빛나는 산맥을 넘어/다시금 오롯이 피어나고 있다/신성한 약속이 이루어지고 있다"(「태어날 아기에게」)는 확신을 가지고 있음을 보여준다.

일상적으로 마주하는 시적 대상은 이미 만들어진 것이기도 하지만 한 시인에 의하여 다시 만들어지기도 한다. 다시 말하면 시인은 이미 존재하는 대상과의 무언(無言)

묵언(默言)으로써의 대화를 통하여 새롭게 만들어진 자연과 더불어 살아간다. 이미 사회적으로 약속되어진 언어의 힘을 빌려 지금까지 보여주지 못한 대자연의 모습을 새롭게 그려준다. 언어는 이미 존재한 사람에 의하여 창조되고, 그 창조된 언어가 시인의 눈에 비친 새로운 물상을 그려준다. 그러한 가운데에서 시인 강석화는 외친다. "온몸 휘감아 적시는 해넘이에/지울 이름 있거든 고이 보내주고/마량리 새벽 바다 일출 자락에/그리운 이름을 새겨 보시라"(「늦게 핀 동백이 지기 전에」). 강석화 시인이 시인으로서 걷는 길 위에 새로운 빛이 가득해지기를 바란다.